LA
QUESTION DE TAÏTI

SIMPLEMENT EXPOSÉE.

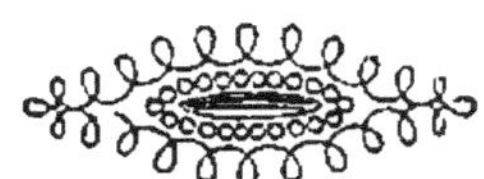

PARIS
LIBRAIRIE DE L.-R. DELAY,
2, RUE TRONCHET.

1845

IMPRIMERIE DE C.-H. LAMBERT, RUE BASSE-DU-REMBART, 24.

LA QUESTION DE TAÏTI

SIMPLEMENT EXPOSÉE.

C'est parmi les nombreux groupes d'îles répandues dans l'Océan Pacifique que se trouve Taïti, nommé à tort O-Taïti. Découverte en 1767 par Wallis, visitée en 1769 par Cook, cette île renfermait une population d'environ 130,000 habitants idolâtres et livrés à tous les vices. Le surnom de *Nouvelle-Cythère*, donné à Taïti, indique suffisamment l'état des mœurs chez les naturels. L'infanticide faisait comme partie de leurs lois et de leurs usages ; des guerres perpétuelles les divisaient les uns contre les autres, enfin ils se distinguaient par cette affreuse corruption qui caractérise les nations assises dans les ténèbres et dans l'ombre de la mort.

Le 4 mars 1797, le *Duff*, navire anglais, sous les ordres du capitaine Wilson, débarque à Taïti trente missionnaires envoyés dans les îles de la mer du Sud

par la Société des Missions de Londres. Une première
entrevue met en rapport ces évangélistes avec Otou,
roi du pays, Pomaré Ier, son père, et les principaux
chefs. Les Européens déclarent que leur intention,
en se rendant à Taïti, a été « d'enseigner aux habitants les arts utiles, la lecture et l'écriture, de leur
faire connaître le seul vrai Dieu, et de leur apprendre
comment on peut être heureux après cette vie (1). »
Bien accueillis d'abord, ils se voient au bout d'un an
obligés de fuir devant les mauvais traitements des
naturels ; la plupart abandonnent ce champ de travail pour se rendre à la Nouvelle-Galles du sud, et le
petit nombre qui reste poursuit péniblement son
œuvre de civilisation au milieu des horreurs de la
guerre civile et des mauvaises dispositions des Taïtiens, toujours attachés à leurs idoles.

Otou, qui, à la mort de son père, avait pris le
nom de Pomaré II, semble enfin prêter quelque attention aux instructions des missionnaires. Il apprend à
lire et à écrire ; une école se forme pour les enfants ;
un premier livre de lecture, rédigé et envoyé ensuite
en Angleterre, s'imprime à l'usage des écoles de
Taïti.

Mais les chefs du pays n'ont pas vu sans crainte
leur souverain devenir en quelque sorte le disciple
des étrangers. Indignés, ils se soulèvent contre lui.
Pomaré II, défait dans une bataille, se réfugie à
Eiméo, île du voisinage, et c'est là qu'exilé pendant
plusieurs années, il ouvre les yeux à la clarté de
l'Evangile. « Puisse la colère de Jéhovah, » disait-il,
« être apaisée envers moi, qui suis un homme mé-

(1) LUTTEROTH, *Histoire et enquête.*

chant, coupable de crimes sans nombre ! Qu'il me donne son bon Esprit pour sanctifier mon cœur, afin que j'aime ce qui est bon, que je renonce au mal, que je devienne un des siens, que je sois sauvé par Jésus-Christ, le seul Sauveur ! Je suis mauvais, et mes fautes sont grandes ; mais nous pouvons tous être sauvés par Jésus-Christ ! Je continue à prier Dieu sans cesse. »

Le 25 juillet 1813, une chapelle, construite par les soins de Pomaré, s'ouvre à une foule d'indigènes, et entre ceux qui renoncent au culte des idoles, se trouvent quelques-uns des principaux. Ce sont les grands-prêtres Pati et Matapuoupuou, le prince Taoorari, Oïto, Tuahine. MM. Nott et Hayward portent l'Evangile à Huahine et à Tahua ; un vent contraire, qui pousse M. Wilson sur les côtes de Raïatéa, y amène avec lui la bonne nouvelle du salut.

Ce ne fut cependant pas sans de violentes secousses que le christianisme s'établit à Taïti ; il y eut ses martyrs, il y eut presque une Saint-Barthélemy. Une condamnation aussi déclarée de leurs vices et de leurs habitudes révoltait les inconvertis, et ils firent plusieurs fois couler le sang pour défendre les anciennes idoles nationales. Mais la vérité triompha de tous les obstacles. En 1817, de nouveaux missionnaires arrivèrent. L'un d'eux, M. Ellis, avait une imprimerie. On se mit à l'œuvre ; l'Evangile selon saint Luc fut traduite ; Pomaré recopia le manuscrit de sa propre main. Des imprimeurs et des relieurs indigènes se formèrent, des maisons de prières s'élevèrent de tous côtés. L'industrie, l'agriculture et les arts utiles se développent à la suite du christianisme. Le premier vaisseau taïtien est lancé à la mer le

7 décembre 1817 : on songe déjà à évangéliser les îles voisines ; enfin, comme couronnement de cette œuvre admirable, le 16 juillet 1819, Pomaré II, roi de Taïti, est baptisé, en présence de tout son peuple, par MM. Bicknell et Henry, qui, vingt-deux ans auparavant, déploraient son air sauvage et stupidement orgueilleux. « Beaucoup d'adultes et d'enfants furent baptisés après le baptême du roi (1). »

Pomaré II ne jouit pas longtemps du spectacle qu'offrait le triomphe de l'Evangile. Il mourut au moment, pour ainsi dire, où il venait de promulguer un code de lois. Les missionnaires avaient toujours refusé d'intervenir dans les affaires gouvernementales ; ils n'aidèrent le monarque qu'avec la plus grande réserve lorsqu'il s'agit d'intérêts politiques, ne voulant pas donner le moindre prétexte à une accusation d'intrigue et d'ambition temporelle.

Il est inutile de rapporter ici les témoignages rendus par différentes personnes aux résultats obtenus à Taïti, grâces à la civilisation chrétienne. MM. Duperrey, Hyde de Neuville, Guizot lui-même en tombèrent d'accord. Par contre, un naturaliste, M. Lesson, et un étranger, M. le capitaine Kotzebue, léguèrent à M. Dupetit-Thouars ces mensonges qu'on a si souvent répétés pendant ces derniers temps.

Au commencement de l'année 1829, M. Mœrenhout, négociant belge, arriva à Taïti. Profitant de la civilisation introduite par les missionnaires, il vient opposer son intérêt privé à l'intérêt général, et se livre à des spéculations désastreuses. L'œuvre des missions est un obstacle à la prospérité de M. Mœren-

_____

(1) *Histoire et enquête.*

hout ; car tandis que les Taïtiens sont occupés à bâtir leurs églises, par exemple, ils ne pourront pas alimenter les cargaisons du négociant belge : premier motif de haine contre les missionnaires. En second lieu, le commerce de M. Mœrenhout, en attirant à Taïti des marins dont la licence effrénée propageait l'ivrognerie et la débauche, avait les plus funestes conséquences pour la moralité de l'île. On est obligé de défendre par une loi l'entrée des spiritueux, et de rappeler que les étrangers ne peuvent résider dans l'île sans autorisation préalable : nouvelle cause de mécontentement. Aussi M. Mœrenhout, tout en vantant l'influence du christianisme sur les Taïtiens, se persuade que leurs anciennes coutumes « étaient propres à les rendre heureux, mais d'un bonheur qui n'est pas le nôtre (1). » Bonheur pour bonheur, mieux vaut garder le sien que le troquer contre un autre. « Partout nous servons le même Dieu. Taaroa ou Jéhovah ne sont que des noms, » disait-il aussi (2). « On en doit convenir, tel n'était pas le langage des missionnaires. Si M. Mœrenhout craignait leur influence, ils avaient bien quelque motif aussi de redouter la sienne. La scission entre eux devint de plus en plus profonde (3). »

Nos lecteurs s'imaginent que M. Mœrenhout maudissait, en conséquence, les missionnaires et leurs œuvres, qu'il en disait du mal, qu'il cherchait à les noircir dans l'esprit des naturels. Point. Il en parle, au contraire, avec les plus grands égards : ce sont des

(1) MOERENHOUT, *Voyage aux îles*, etc., t. I.
(2) *Ibid.*
(3) *Histoire et enquête.*

louanges sans fin de leur désintéressement, de leur générosité. « Le missionnaire Pritchard mérite ici, » dit-il, « les plus grands éloges. » Ajoutons, pour être vrai, que notre négociant entretenait des relations intimes avec Tati, Itoti et Otomi, trois chefs soulevés contre l'autorité de la reine Aïmata ou Pomaré, et qu'en particulier il intéressait Tati dans ses entreprises commerciales. C'était se ménager des ressources de l'un et de l'autre côté.

Le 23 avril 1834, M. Mœrenhout s'embarque pour l'Europe dans le but d'augmenter ses opérations. Il passe par les États-Unis, y sollicite et y obtient le titre de consul, et arrive en France à la fin de l'année. Laissons-l'y un moment.

L'Église romaine n'avait pas vu sans inquiétude les îles de la Polynésie occupées par les missions protestantes. Les frères de Picpus furent chargés de contrebalancer l'influence de l'Évangile, et de porter aux *sauvages* les enseignements de l'antechrist. M. Etienne Rochouse, évêque, MM. François d'Assise Caret, Honoré Laval et Colomban Murphy, ce dernier Irlandais, s'embarquent à Bordeaux. Ils se rendent d'abord aux îles Gambier qui vont leur servir de point d'observation pour combiner leur attaque sur Taïti. M. Chrysostôme Liansu, établi préfet apostolique de toute la partie méridionale de cette divison de l'Océanie, s'arrête au Chili d'où il suivra et surveillera les mouvements de ses collègues. Nous ne nous occuperons pas ici de la mission des îles Gambier, et nous renvoyons aux *Annales de la propagation de la foi*, pour le récit curieux de ces nouveaux convertis qui savaient ce que c'était que l'hérésie avant de connaître l'Evangile, et qui priaient en latin les faux dieux d'un autre paganisme. Retranchons-nous dans Taïti ; les missionnaires de Picpus y arriveront bientôt. Deux se présentent, MM. Laval et Caret ; M. Caret se chargera de nous instruire du résultat de cette visite par une lettre qui prouve jusqu'où peut aller l'impudence du mensonge. Au rapport de M. Caret lui-même, les missionnaires débarquent à Papéïti, se rendent chez la reine avec M. Mœrenhout qui était revenu, etsollicitent l'autorisation de séjourner dans l'île. Pomaré d'abord, puis le conseil suprême, la leur refusent ; en retour d'un présent d'argent qu'ils ont fait, des cadeaux leur sont envoyés afin qu'ils ne puissent pas prétendre avoir payé le droit de résidence. Puis, ordre de partir auquel ils ne veulent pas se soumettre. On est obligé de cerner la maison de M. Mœrenhout et d'y pénétrer à travers le toit pour en faire sortir MM. Laval et Caret. L'officier de paix les éconduit très-poliment *par la porte* et les emmène sur une pirogue et de là à bord de la goëlette dans laquelle ils étaient arrivés. Notóns, en passant, deux circonstances. MM. Laval et Caret débarquèrent clandestinement à Taïti, malgré les lois du pays et contrairement aux principes les plus vulgaires du droit des gens. Puis, M. Mœrenhout dit dans le conseil que la loi qui défendait l'entrée de l'île aux étrangers lui était nouvelle et inconnue, ce qui est faux. « On saura un jour, » ajoutait-il plus tard , « que je suis consul des Etats-Unis. » Or nous savons que le gouvernement des Etats-Unis, en apprenant la conduite de M. Mœrenhout, le destitua.

La France, cependant, apprend ces divers événements de deux sources différentes. M. Dumont d'Urville, en passant aux îles Gambier au mois de mai

1838, pendant son voyage de circumnavigation, les tient de M. Rochouse. Quelle amplification! et comme les faits se dénaturent! voici que MM. Laval et Caret, au lieu d'êtres sortis fort doucement de la maison de M. Mœrenhout par la porte, en ont été tirés par le toit. Ils s'étaient, vous vous le rappelez, réembarqués sur leur goëlette; point. On les a jetés dans une frêle embarcation sur laquelle on espérait sans doute les faire périr. Ils ont perdu environ 10,000 francs, en y comprenant les faux frais du voyage.

M. Caret, en quittant Taïti, s'était rendu en Europe. Il ne perd pas de temps, exploite le mensonge avec hardiesse à Paris, à Rome, auprès du roi, auprès du pape, puis repart. M. le commandant Dupetit-Thouars arrivait déjà dans l'Océanie, porteur d'instructions en vertu desquelles il devait « exiger des réparations de la reine Pomaré, et demander des dommages-intérêts pour MM. Laval et Caret, si injustement maltraités, et si outrageusement obligés de prendre passage pour retourner aux lieux d'où ils venaient (1). »

M. Dupetit-Thouars exigea de la reine qu'elle écrivît une lettre d'excuses, et qu'elle payât 2,000 dollars à titre d'indemnité aux deux prêtres, pour les pertes et les mauvais traitements qu'ils avaient éprouvés, menaçant, en cas de refus, de commencer immédiatement les hostilités. Comme il était impossible au gouvernement du pays de lever la somme exigée dans l'espace de vingt-quatre heures, quelques résidents étrangers avancèrent cette somme à la reine, afin de préserver ses états des horreurs de la guerre; la reine écrivit la lettre d'excuses, ainsi

(1) *Histoire et enquête.*

extorquée à coups de canon (1). — *Première iniquité.*

En avril 1839, l'*Artémise*, frégate française, sous le commandement du capitaine Laplace, arriva à Taïti. Ayant souffert de fortes avaries sur un récif, elle entra dans le hâvre de Papaïti pour se réparer. Elle fut près de trois mois en réparation, et pendant tout ce temps, les insulaires prêtèrent à l'équipage la plus généreuse assistance. Le capitaine reconnut leur bienveillance et leur hospitalité en forçant la reine à abroger le règlement qui interdisait aux prêtres catholiques de s'établir dans l'île, et la menaça de débarquer cinq cents hommes, et d'installer un nouveau gouvernement. Nous ne parlerons pas des infâmes débauches autorisées par M. Laplace, et du catholicisme uni ici à la corruption et au trafic de l'eau-de-vie comme moyen de captiver et de se concilier la bienveillance des naturels. — *Seconde iniquité.*

Le 11 mai 1842, les Taïtiens furent encore visités par l'*Aube*, corvette de 24 canons, sous le commandement du capitaine Dubuset. Celui-ci humiliait la reine au point de la contraindre à licencier sa police, parce qu'elle avait arrêté un capitaine baleinier français, pour cause d'*ivrognerie* et de *tumulte.* — *Troisième iniquité.*

Le 9 septembre 1842, le contre-amiral Dupetit-Thouars, promu à ce grade en récompense de sa belle conduite à Taïti, impose à la reine Pomaré un protectorat dont trois chefs rebelles avaient formé la demande, à l'instigation du consul Mœrenhout. Il

---

(1) *Exposé des faits qui ont accompagné l'agression, etc.,* par les directeurs de la Société des Missions de Londres.

exige sa signature ou 10,000 dollars pour de prétendues offenses. Si au bout de vingt-quatre heures il n'avait obtenu ni signature ni argent, il annonçait l'intention d'arborer son pavillon et de tirer ses canons, prenant ainsi possession de l'île et dictant ses conditions. Tous reconnurent que les îles étaient virtuellement prises. De deux maux on choisit le moindre. La reine, qui se trouvait à Eiméo pour ses couches, signa précisément une heure avant le moment fixé pour commencer le feu. On publia des proclamations. Une d'elles portait que : quiconque par ses actes ou par ses paroles cherchera à prévenir le peuple de Taïti contre le gouvernement français sera banni. On institua un conseil suprême composé de trois Français. On ne peut en appeler de leurs décisions qu'au roi des Français. — *Quatrième iniquité.*

Les événements dont nous venons de donner le rapide sommaire, sont d'une date comparativement ancienne. Reviendrons-nous sur les faits récents et qu'une juste indignation conserve encore dans le souvenir de tous? Dirons-nous la prise de possession remplaçant le protectorat, le gouvernement français contraint à désavouer cet acte de tyrannie, et les débats scandaleux au sujet d'une indemnité qui, si elle dédommage M. Pritchard des pertes dont il a eu à souffrir, ne compenseront jamais la ruine des missions protestantes, et la démoralisation imposée aux Taïtiens? « La guerre avec toutes les désolations qui l'accompagnent, des habitants paisibles dispersés, leurs villages détruits, les écoles et les congrégations abandonnées, et les familles des missionnaires forcées de s'enfuir hors de l'île pour leur sûreté ; tels sont les résultats de cette agression sur les droits du souverain et sur les libertés de Taïti. La vie même de ces hommes dévoués a été souvent en péril, et l'un d'eux a été tué (quoique involontairement) devant sa propre maison. Ainsi, dans l'espace de quelques mois, d'innombrables maux, que le travail de plusieurs années pourrait à peine réparer, ont été produits (1). »

La propagande romaine, s'appuyant sur le dévouement intéressé d'un spéculateur de bas étage, et introduisant avec elle la démoralisation sous toutes ses formes ; le papisme, donnant la main à l'infidélité et au radicalisme politique, voilà ce qui s'est substitué à la prédication de l'Evangile. Il y a deux siècles, Louis XIV et Louvois imposaient à nos pères les dragons du maréchal de Villars ; leur foi ne fléchit pas devant la force matérielle. Aujourd'hui c'est la voix du canon qui prêche le catholicisme aux Taïtiens, mais ils se sont réfugiés dans leurs montagnes, où les pères de Picpus n'iront pas les chercher. Triste prosélytisme que celui qui se réclame de tout ce que la loi de Dieu réprouve et défend, et qui, au milieu des ruines d'une nation dont il a consommé la perte, prétend annoncer Jésus-Christ !

—

Nos lecteurs nous sauront gré de mettre sous leurs yeux la lettre suivante, dont la modération garantit l'impartialité (2).

(1) *Mémoire adressé à S. M. le roi des Français*, par les directeurs de la Société des Missions de Londres.
(2) Elle est adressée au *Fédéral*, journal suisse.

Martigny, 26 janvier 1845.

Monsieur,

Au moment de passer les monts pour retourner dans ma patrie, je viens de lire les journaux français, où je ne vois que des articles sur le Maroc et Taïti. Je ne suis ni Anglais ni Français ; je ne suis encore ni catholique ni protestant, mais je ne suis plus juif. Je voyage pour m'instruire, pour examiner. Depuis trois ans, j'ai été en Amérique, deux fois à Taïti, aux îles Gambier et en Angleterre. Rien ne m'a plus surpris que les discussions que j'ai lues sur Taïti, car je veux parler sur cette île, que j'ai visitée en 1841 et 1844.....

Permettez-moi, Monsieur, de vous dire avec franchise mes impressions et de vous raconter ce que j'ai vu. Je ne suis pas un homme politique, mais j'éprouve tout comme un autre les bons et les mauvais procédés, et voici mes sensations :

En 1841, je fus sur un vaisseau américain à Taïti. J'avais un grand désir de voir ce petit pays, ayant lu les éloges que M. le capitaine Duperrey et M. le ministre Hyde de Neuville avaient faits de cette île. Dans les premiers jours, je trouvai les éloges exagérés, mais en prolongeant mon séjour, j'éprouvai, je l'avoue, une grande sympathie pour ces habitants si doux, si bienveillants, et, comme MM. Duperrey et Hyde de Neuville, j'admirai la conduite des missionnaires anglais. La reine et les chefs vivaient dans une harmonie parfaite.

Je fis à Taïti la connaissance de M. Pritchard ; il était alors consul d'Angleterre. Plein de zèle pour sa religion, il continuait à faire ses efforts pour améliorer les mœurs et rendre chrétienne cette petite population. M. Pritchard ayant des connaissances en médecine, fut très-utile à la santé des habitants; il établit une pharmacie, et mettait un zèle louable à traiter, sans aucune rétribution, les malades. Je quittai cette petite île, enchanté de tout ce que j'y avais vu.

En 1844, j'y retournai; mais que de changements, que de désordres! Voici ce que j'appris. Deux missionnaires catholiques avaient débarqué dans l'île, avec les meilleures intentions; mais leur mission étant de faire des catholiques, les querelles religieuses commencèrent. La reine et les chefs ayant déclaré que le culte protestant était le séul reconnu, lés missionnaires catholiques furent renvoyés un peu brutalement. A cette même époque, M. Dupetit-Thouars, marin français très-distingué, se trouvait dans ces parages; il vit dans ce renvoi une insulte à la France, demanda une réparation, et exigea 2,000 piastres d'indemnité à donner aux missionnaires français. Je dois dire à cette occasion que M. Dupetit-Thouars passe pour un marin plein d'honneur, mais d'un caractère ambitieux. Il traita un peu durement cette petite île, et n'eut peut-être pas connaissance que les lois de Taïti interdisaient toute autre religion que le culte protestant.

Quelques mois plus tard les mêmes missionnaires (je crois) réussirent encore à revenir à Taïti, d'où ils furent encore expulsés assez brutalement. Alors M. Dupetit-Thouars ne garda plus aucun ménagement. Il crut de la dignité de la France de montrer la plus grande rigueur: il menaça d'attaquer l'île si l'on ne payait immédiatement dix mille piastres.

Dès lors le plus grand désordre exista dans l'île. Les missionnaires anglais trouvèrent très-mauvais qu'on vînt avec des menaces établir une religion prohibée par les lois : mais la force était pour l'amiral français. La reine ne pouvant payer, on fit aux chefs des propositions d'accommodement, dont les résultats furent que, pour éviter le bombardement, il fallait demander le protectorat de la France. La nécessité amena ce résultat. L'amiral Dupetit-Thouars, que je ne veux point accuser, puisqu'il crut faire une chose utile à la France, en rendant compte de tout ce qu'il s'était passé crut devoir mettre tous les torts du côté des missionnaires et de la reine ; il présenta la chose d'un côté si favorable, que le ministère français crut ne pas devoir refuser un protectorat qui augmentait le pouvoir de la France dans ces parages. Je crois que, ce fut une faute, mais comme il était si difficile de si loin de savoir toute la vérité, je ne puis douter que si le ministère avait connu tous les faits, il aurait refusé le protectorat qui ne pouvait devenir qu'un embarras...

J'ai raconté ce que j'ai vu, et j'ai une telle confiance dans la loyauté de l'amiral Dupetit-Thouars, actuellement à Paris, que je ne crains point qu'il me contredise. Ses intentions ont été pures, patriotiques, j'en ai la conviction ; mais j'ai la conviction aussi que, vu les tristes résultats, si la chose était à faire il ne la ferait pas. J'ai aussi la conviction que, si le ministère français avait connu les détails exacts, il aurait refusé ce malheureux protectorat qui ne peut amener que des difficultés, sans aucun avantage réel pour la France...

Je ne veux pas terminer sans donner un détail qui honore les missionnaires anglais. Aux îles Gambier il y avait un seul missionnaire protestant, qui avait commencé à prêcher aux habitants la religion chrétienne ; il apprit que l'amiral Dupetit-Thouars y arrivait avec deux missionnaires catholiques ; que fit-il alors ? apprenant que ces îles étaient devenues comme françaises, il se retira en disant : Il ne faut pas que ces malheureux insulaires prennent une mauvaise idée du christianisme en voyant qu'au mépris de la vraie charité il n'y a que haine et dispute entre les chrétiens : j'ai reconnu dans les deux missionnaires catholiques des hommes de bien, je quitte cette île et je vais porter l'Evangile là où il n'y en a pas ; et il s'embarqua immédiatement pour une autre île de la Société.

Je vous ai donné loyalement et franchement les détails de tout ce que j'ai vu et appris sur les lieux mêmes. Je retourne dans ma patrie, décidé à ne pas rester juif ; mais tout ce que j'ai observé chez les catholiques et les méthodistes m'engage à me faire uniquement chrétien, sans prendre aucun des deux titres. Chez les catholiques, j'ai trouvé que la religion était trop dans les formes, surtout dans la manière d'instruire les sauvages : chez les méthodistes, je les ai trouvés trop sévères sur le dogme ; mais j'ai pris d'eux la lecture de la Bible, elle deviendra ma seule religion.

Appartenant à une famille juive, je lui dois de ne point signer ma lettre, car il faut ménager ces susceptibilités de famille, et respecter des croyances ébranlées, mais qui ne sont pas encore décidées.

Si vous pensez que ces détails sont utiles à connaître, veuillez les publier, et agréer l'assurance de ma haute considération.

Les deux documents ci-après compléteront le simple exposé de cette question si grave pour les intérêts de l'Evangile.

SOCIÉTÉ DES MISSIONS EVANGÉLIQUES CHEZ LES PEUPLES NON CHRÉTIENS, ÉTABLIE A PARIS.

Paris, 15 janvier 1845.

A Monsieur le Maréchal, duc de Dalmatie,
Ministre de la guerre et Président du Conseil.

Monsieur le Président du Conseil,

Les craintes que nous prîmes la liberté de vous exprimer dans notre lettre du 10 avril 1843, à laquelle vous avez daigné accorder une bienveillante attention, n'étaient point sans fondement ; elles n'ont reçu que trop tôt des événements, une triste et douloureuse confirmation. Les événements survenus dans l'île protestante de Taïti ont eu pour résultat des malheurs que nous ne saurions trop déplorer, et à la suite desquels les troupeaux rassemblés par les soins des missionnaires protestants ont été dispersés, les écoles fermées, et les missionnaires obligés de chercher un refuge dans les îles du voisinage. Ainsi le fruit de cinquante années de labeurs et de sacrifices semble perdu, et l'on dirait que les hommes dévoués qui ont fondé cette œuvre, n'assistent au désolant spectacle qu'ils ont sous les yeux que pour pleurer sur des ruines.

Tous les chrétiens protestants de France et de l'Europe entière, croyez-le, Monsieur le Ministre, se sont émus à l'ouïe de ces nouvelles et leur anxiété est allée toujours croissant, car la cause religieuse qui est en péril est leur cause, et les hommes qui souffrent au delà des mers sont leurs coreligionnaires et leurs frères. Aussi la Société des Missions Evangéliques de Paris est-elle persuadée qu'elle exprime leurs sentiments en se faisant l'organe auprès de vous, Monsieur le Ministre, de la sympathie profonde de tous les chrétiens évangéliques pour l'église affligée de Taïti. Nul intérêt politique ne nous anime ; aucun motif pris en dehors de la religion et de l'humanité ne nous dirige dans la démarche que nous faisons auprès de vous. Ce qui nous attriste et nous alarme, c'est que la religion de l'Evangile que nous professons est en danger dans une contrée soumise pendant près d'un demi-siècle à son doux et bienfaisant empire.

En conséquence, Monsieur le Ministre, nous venons, par votre organe, réclamer auprès du Gouvernement du Roi, en faveur des chrétiens protestants des îles de la Société, et nous osons supplier l'honorable Conseil que vous présidez de prendre toutes les mesures nécessaires pour que les missionnaires évangéliques de ce pays soient protégés, que leur culte puisse être rétabli et que la mission reprenne le cours de ses travaux si malheureusement interrompus.

Dans l'espérance que vous daignerez prendre en

sérieuse considération une démarche à laquelle les événements donnent chaque jour une importance plus grande, nous avons l'honneur, Monsieur le Ministre, de vous offrir l'expression de notre très-haute et très-respectueuse considération.

Au nom du Comité,

LE COMTE VER-HUELL,
Président de la Société.

FRÉD. MONOD, pasteur,   GRANDPIERRE,
    Secrétaire.   Directeur.

SOCIÉTÉ DES INTÉRÊTS GÉNÉRAUX DU PROTESTANTISME
FRANÇAIS.

Paris, 15 janvier 1845.

A Monsieur le Président du Conseil des Ministres.

Monsieur le Ministre,

Nous avons déjà eu l'honneur de nous adresser à votre Excellence, et de lui faire connaître les sentiments excités par les premiers événements de Taïti chez les nombreux pasteurs et laïques qui se rattachent à la Société des Intérêts généraux du protestantisme français.

Ces sentiments étaient ceux du protestantisme tout entier. Nous croyons qu'il importe de le constater clairement, afin de faire cesser une confusion d'idées qui a contribué, plus que toute autre chose, à envenimer les débats sur la question de l'Océanie, au sein des Chambres et dans la presse.

On a paru croire que les Anglais seuls prenaient fait et cause pour de respectables missionnaires indignement calomniés; que les Anglais seuls éprouvaient une douleur profonde en voyant une œuvre si lentement, si glorieusement accomplie, suspendue aujourd'hui et menacée par un état de guerre et de désordre.

On a dit, on a répété, que les réclamations anglaises n'étaient pas dictées par la foi religieuse, mais par la rivalité nationale. Dans les missionnaires de Taïti, on s'est efforcé de montrer avant tout les agents de la grandeur britannique.

Or, les manifestations qui ont eu lieu et celles qui se produiront sans doute encore en Suisse, en Allemagne, en France, ne permettent plus de soutenir un tel mensonge. — Les hommes les plus indifférents, les plus hostiles à l'agrandissement de l'Angleterre, ont tous ressenti, comme protestants, les mêmes émotions, les mêmes craintes, les mêmes sympathies qui ont agité le public religieux de l'Angleterre.

Il appartient surtout aux protestants français de faire entendre à un gouvernement qu'ils aiment la voix de leur vive et croissante affliction. — Cette affliction n'est pas suspecte, car le patriotisme de ceux qui l'expriment est depuis longtemps connu, éprouvé.

En voyant les canons de la France renverser, au profit des missionnaires catholiques, des barrières qu'on laisse subsister dans tant de pays contre les

missionnaires protestants ; en voyant la mission de
Taïti dispersée, un de ses membres victime innocente
de la guerre qui ravage aujourd'hui cette île, après
vingt années de profonde paix ; les protestants français se sont sentis menacés, atteints, de même que
les protestants du monde entier.

Leur devoir était de le dire, de le répéter, et c'est
ce devoir que le Conseil de la Société des Intérêts généraux vient remplir, au nom des membres qu'il re-
présente.

Il espère que le Gouvernement du Roi adoptera
des mesures propres à faire cesser des craintes
dont personne assurément ne contestera la légiti-
mité.

Veuillez agréer, Monsieur le Ministre, l'assurance
de notre respect.

Pour le Conseil,

A. DE GASPARIN, secrétaire,
Membre de la Chambre des Députés.

FIN.

[illegible]

ON TROUVE A LA MÊME LIBRAIRIE.

O-TAÏTI, Histoire et Enquête, par M. Lutteroth. In-8°. . . . . 3 fr. 50 c.

EXPOSÉ DES FAITS QUI ONT ACCOMPAGNÉ L'A-GRESSION DES FRANÇAIS CONTRE L'ILE DE TAÏTI, par les directeurs de la Société des Missions de Londres, trad. de l'anglais. 2ᵉ édit. In-8°. . . . 1 fr.

HISTOIRE DE LA DESTRUCTION DES MISSIONS ÉVANGÉLIQUES A TAÏTI, EN 1844, et des causes qui l'ont amenée, par M. Duby. In-8°. . . . . . 50 c.

UN MOT SUR LES MISSIONS PROTESTANTES, en réponse à un article de M. L. de Carné, inséré dans la *Revue des deux Mondes*, par J.-H. Grand-Pierre, docteur en théologie, directeur de l'Institut des missions évangéliques de Paris. 1843. Broch. in-8°. 75 c.